AF311974

LA VIE
DV R. P.
MARIN MERSENNE
THEOLOGIEN,
PHILOSOPHE ET MATHEMATICIEN
de l'Ordre des Peres Minimes.

Par F. H. D. C. *Religieux du mesme Ordre.*

A PARIS,

Chez { SEBASTIEN CRAMOISY, Imprimeur ordin. du Roy, & de la Reyne Regente, ET GABRIEL CRAMOISY. } ruë S. Iacques aux Ci-cognes.

M. DC. XLIX.

AVEC APPROBATION.

A TRES-HAVT, TRES-ILLVSTRE,
& tres-genereux Prince
MONSEIGNEVR
LOVIS
DE VALOIS
COMTE D'ALAIS,
COLONEL GENERAL
de la Caualerie legere de France, & Gouuerneur pour le Roy
en ſes païs & armées de Prouence, &c.

ONSEIGNEVR,

I'ay crû que ie ne pou-
uois mieux adreſſer cet Abregé
de la Vie du R. P. Merſenne Re-

ligieux de noſtre Ordre, qu'à vn
Prince qui aime les Sciences, &
qui protege les Sçauans. C'eſt ce
que vous faites, MONSEIGNEVR,
à l'exemple des Rois vos Anceſtres,
qui ont eſté à bon droict appellez
les Peres & les Genies des bonnes
lettres, à cauſe que le reſtabliſſe-
ment des Sciences & des Arts a
eſté vn effet de leur vertu & de
leur liberalité. Le Reuerend Pere
Merſenne (dont le nom ne perira
iamais parmy les Pieux & les
Scauans) a rendu publiquement
ce témoignage en vous dediant
quatre de ſes liures, ſon Harmonie vniuerſelle, ſes Obſeruations
Phyſicomathematiques, l'Abregé de la Geometrie vniuerſelle,
& le dernier de l'Optique. C'eſt
pourquoy, MONSEIGNEVR,
i'ay crû eſtre obligé de vous pre-

senter sa Vie, qu'il vous a pour
ainsi dire dediée luy mesme ; m'i-
maginant que s'il pouuoit ressen-
tir quelque autre chose que la bea-
titude dont il iouit, il se réiouiroit
dans le Ciel, d'aller auiourd'huy
dans le monde sous les auspices de
vostre nom. Ie supplie donc V. A.
de vouloir regarder fauorablement
cet écrit, où ie fais l'Eloge de ce
grand homme, d'excuser la foi-
blesse de mon style par la considé-
ration de mon zele, & d'auoir
agreable la hardiesse que ie prens
en vous presentant ce petit ouurage, de me dire,

MONSEIGNEVR,

Du Conuent des Minimes
de Paris prés de la Place
Royale ce premier iour
d'Octobre 1648. feste de
saint Remy l'Apostre des
François.

Vostre tres-humble, & tres-obeïssant
seruiteur,

F. HILARION DE COSTE.

ã iij

CLARORVM virorum facta morésque posteris tradere antiquitus vsitatum, ne nostris quidem temporibus quamquam incuriosa suorum ætas omisit, quoties magna aliqua ac nobilis virtus vicit ac supergressa est vitium paruis magnísque ciuitatibus commune, ignorantiam recti & inuidiam. Sed apud priores vt agere memoratu digna pronum, magísque in aperto erat: ita celeberrimus quisque ingenio, ad prodendam virtutis memoriam sine gratia aut ambitione, bonæ tamen conscientiæ pretio ducebatur. Ac plerique suam ipsi vitam narrare, fiduciam potiùs morum, quàm arrogantiam arbitrati sunt: nec id Rutilio & Scauro citra fidem, aut obtrectationi fuit. Adeo virtutes iisdem temporibus optimè æstimantur, quibus facillimè gignuntur.

ENCORE que noſtre ſiecle ne faſſe pas l'eſtime
qu'il doit des grands hommes, il n'a pas laiſſé à l'exemple des anciens d'écrire leur vie & de
celebrer leurs actions, lors que leur vertu a eſté
capable d'eſtre reconnuë de tout le monde, & de
ſurmonter l'enuie & l'ignorance, qui ſont des de-
fauts communs à tous les Eſtats & à tous les peu-
ples: mais comme les premiers ſiecles eſtoient plus
vertueux que le noſtre, leurs plus beaux eſprits
ſe portoient volontairement à cette reconnoiſſance,
ſans ambition & ſans flaterie, par la ſeule amour
de la Vertu, iuſques là que pluſieurs ont publié
eux meſmes leurs loüanges, ſans qu'on ait attri-
bué cela à vanité ny à arrogance, & Rutilius &
Scaurus pour auoir écrit leur Hiſtoire, n'ont pas
laiſſé de trouuer de la creance parmy les hommes,
tant il eſt veritable qu'on n'eſt iamais meilleur
Iuge de la Vertu, qu'au temps qu'elle eſt plus
pratiquée.

ADVIS.

Cet *Eloge ou Abregé de la Vie du feu R. P. Mersenne a esté fait par l'Autheur en faueur de plusieurs de ses amis, & pour seruir de memoire à ceux qui veulent ecrire plus amplement sa Vie en diuerses langues.*

LA

LA VIE

DV R. P. MARIN MERSENNE Theologien, Philosophe & Mathematicien de l'Ordre des Peres Minimes.

IL ne faut pas estre du monde pour ignorer, que le Païs du Mayne a touſiours produit de grands hommes, que la ſcience & le courage ont rendus recommandables. Les Cardinaux De la Foreſt, Philaſtre, du Bellay, Cointereau ou Cointerel, Meſſieurs Guillaume ſeigneur de Langeay, & Martin Prince d'Yuetot de la

maiſon du Bellay, Monſieur de S.
François Mᵉ des Requeſtes, depuis Euéque de Bayeux, Geofroy
Bouſſard Chancelier de l'Vniuerſité de Paris, Pierre de Ronſard,
Iean & Iacques Pelletier, Pierre
Belon, Robert Garnier, Felix de
la Mote le Vayer, Abel Fou-
lon, les ſieurs Deniſot, Germain
Pilon, & de nos iours Monſieur
Coeffeteau Euéque de Marſeille,
& vne infinité d'autres, ſont les
illuſtres teſmoins qui confirme-
ront cette verité.

Le R. P. MERSENNE naſquit
en cette meſme Prouince dans le
bourg d'Oyſé le huictiéme de
Septembre de l'an mil cinq cens
quatre-vingts huit; iour celebre
en l'Egliſe par la Natiuité de la
Vierge Mere de Dieu, & pour

la deſtruction de Hieruſalem, qui fut priſe & ruinée par l'Empereur Tite fils de Veſpaſien, comme le Sauueur du monde l'auoit predit quarante ans auparauant : Ce iour eſt auſſi remarquable pour la naiſſance de pluſieurs hommes illuſtres en pieté, en valeur, & en doctrine.

Il receut le meſme iour le Sacrement de Baptefme des mains du ſieur Pierre Baſairdy Preſtre, par le ſoin de ſon pere & de ſa mere Iulien Merſenne, & Ieanne Mouliere, perſonnes pieuſes & honorables. Il eut pour parrains Sanſon Ory & René Blanchar, & pour marraine Marie Merſenne ſa tante paternelle, & fut appellé Marin.

Si quelqu'vn me blaſme de re-

marquer ces petites particularitez, ie luy répondray, que Plutarque témoigne qu'il auoit receu
quelque forte de déplaifir d'vne
chofe auffi legere : quand il fe
plaint de ceux qui n'auoient pas
laiffé par écrit les noms des me-
res de Nicias, de Demofthene,
de Formion, de Thrafybule, & de
Theramines, renommez perfon-
nages contemporains de Socra-
te : & au contraire il monftre
fçauoir bon gré à Platon & à An-
tifthene, parce que le premier
auoit écrit le nom du Precepteur
d'Alcibiade , & l'autre, n'auoit
pas dédaigné de nómer fa nourrice. La negligence des anciens
Efcriuains a efté fi grande, qu'elle eft caufe que fept villes ont
efté en difpute pour la naiffance

d'Homere : chacune se donnant
cet honneur d'auoir esté la mere
nourrice du plus excellent Poëte
de la Grece ; Ce qui m'a fait toûiours penser, que c'est vn grand
defaut à ceux qui se meslent d'é-
crire les Vies des Hommes illustres, de laisser en arriere quelques particularitez, qu'on n'eust
peut-estre pas considerées dans
le temps qu'ils ont vescu, mais
qui seroient infalliblement esti-
mées en vn autre siecle.

Comme les Fonteniers pren-
nent à bon augure de voir sortir
le matin des fumées de certaines
terres, parce que c'est vn des si-
gnes qui leur font esperer d'y
trouuer de bonnes sources : de
mesme ceux qui ont le plus de
connoissance de la nature de nos

ames , se réioüiffent d'y remar-
quer dés leur plus tendre ieun-
neffe de violens defirs d'apprendre, & des tranfports pleins d'ardeur pour les fciences & pour les
vertus; parce qu'ils tirent de là
des coniectures prefque affeu-
rées du merite des efprits, & de
l'excellence où ils doiuent vn
iour arriuer.

Celuy dont i'écris la vie fit paroiftre dés fes ieunes ans vn beau
naturel; il eut vne ardente incli-
nation à la Pieté, & vne noble
paffion d'apprendre routes fortes de curiofitez & de gentillef-
fes: car à peine auoit-il la langue
déliée, qu'il ne parloit que de
bonnes chofes : à peine pouuoit-
il marcher, qu'il vouloit aller à
l'efchole: enfin il auoit vne auer-

fion de tous les autres exercices,
excepté de la priere & de l'eftude. Ces deux emplois ne luy
donnerent iamais de peine, &
plus il auançoit en âge, plus dé-
couuroit-il de charmes dans l'é-
tude & dans l'oraifon : de forte
qu'il falloit vfer de contrainte
quand on vouloit le retirer de
ces heureufes occupations.

Ses parens, qui le virent fi por-
té à la deuotion & à l'eftude,
l'enuoyerent au Mans, où il ne
manqua pas de fatisfaire aux defirs de fes Maiftres, & de com-
mencer à faire voir par les petites
victoires qu'il remportoit fur fes
compagnons, qu'il triomphe-
roit quelque iour dans le bel
Empire des fciences.

En ce temps là le Roy Henry
A iiij

le Grand donna aux Peres Iefuï-
tes fa Royale maifon de la Flefche, pour y eftablir vn College de
leur Compagnie. MARIN MER-
SENNE n'eut pas fi toft fceu cette
nouuelle, qu'il pria fes parens de
l'y enuoyer. Il apprit chez ces
doctes hommes auec vne grande facilité , non feulement les
belles lettres , que leur douceur
font nommer Humaines ; mais
auffi la Logique, la Phyfique, la
Metaphyfique, les Mathematiques , & quelques Traitez de
Theologie, où il reüffit heureu-
fement. Ce qui le fit aimer des
Peres Chaftelier, De la Tour,
Iean Phelipeaux & autres.

Aprés qu'il fut forty du College de la Flefche, il vint à Paris
pour continuer fes eftudes dans

cette fameuse Vniuersité, & en-
tendit au College Royal ces
trois illustres Professeurs, Ma-
rius Ambosius, George Criton,
& Theodore Marsile, & en Sorbonne (où reside la force & l'ap-
puy de la Foy) ces trois celebres
Docteurs, André du Val, Phi-
lippe de Gamaches, & Nicolas
Ysambert, dont les noms seront
immortels parmy les pieux & les
sçauans. Il fit sous ces grands
hommes son cours en Theologie, qu'il a tousiours honorée,
cóme la Reyne des autres Sciences, qui ne sont que ses seruan-
tes. Aussi a-t'il toûiours employé
la meilleure partie de sa vie en ce
saint exercice, n'ayant iamais
laissé passer vn iour sans lire la
sainte Bible, & quelque Pere
Grec ou Latin.

Ce fut par le moyen de cette sainte occupation, & par le bon exemple des Peres Minimes du Conuét du Pleſſis prés de Tours, (par où il paſſa en venant de ſon pais à Paris) qu'il prit la reſolution d'entrer en cet Ordre.

Il demanda l'habit au Conuent de Paris prés de la Place Royale au R. P. Oliuier Chaillou, qui en eſtoit pour lors Vicaire. Ce bon Pere le fit receuoir au Conuent de Noſtre-Dame de toutes graces, dit Nigeon, prés de Paris, par le R. P. Pierre Hebert, qui eſtoit alors Prouincial de la Prouince de France, perſonnage dont la memoire eſt en benediction parmy les noſtres, tant pour ſa pieté & pour ſon humilité, que pour la bonne conduite auec laquelle il a gouuerné l'Ordre dont il a esté le XXXII. General.

Ayant donc receu l'habit de l'Ordre des mains du R. P. Hebert dans le Conuent de Nigeon le 17. de Iuillet de l'an 1611. feste de l'incomparable saint Alexis, aprés y auoir demeuré deux mois & demy, on l'enuoya passer les dix autres de son année de Probation au Conuent de S. Pierre de Fublines prés de Meaux & du Royal chasteau de Monceaux, où il fit profession le 17. de Iuillet de l'année 1612. estant âgé de 24. ans, entre les mains du Venerable Pere Nicolas Gueriteau Correcteur de ce Conuent fondé par Monsieur Pierre Poussemie, Chanoine & Chantre de l'Eglise de S. Eſtienne de Meaux.

Il paſſa fort ſaintement ſon
année de Nouiciat, aux Conuéts
de Nigeon & de Fublines, edi-
fiant, par ſes vertus & ſon humble ſçauoir, tous les Religieux de
ces deux Monaſteres , auſquels
il donna de bons exemples d'humilité, de penitence, d'obeïſſan-
ce & de charité : C'eſt pourquoy
il fut receu d'vn commun con-
ſentement pour faire les vœux
de Religion, qu'il a touſiours fi-
delement gardez à Dieu , ayant
mené en terre vne vie digne du
Ciel, ſi pauure , ſi chaſte & ſi pu-
re, qu'il a triomphé de ces paſ-
ſions, qui triomphent de tout le
monde, & s'eſt conſerué ſainte-
mét cette premiere liberté, auec
laquelle tous les hommes pren-
nent naiſſance.

Aprés sa Profession, la simplicité de ses mœurs, le peu d'ambition qu'il auoit, & l'amour des Liures & des Sciences luy firent passer doucement la vie dans l'Ordre des Minimes: car l'innocence regnoit dans son ame; il ne cherchoit dans le Cloistre que l'acquisition des Sciences & de la Vertu; le seul desir d'apprendre le bien & le pratiquer, & la conuersation des personnes pieuses & sçauantes, estoient ses occupations & ses delices.

Deux mois & demy aprés sa Profession il vint demeurer au Conuent de Paris, où il receut les Ordres de Sous-diacre, de Diacre, & de Prestrise par Monseigneur Henry de Gondy Euéque de Paris, depuis Cardinal de

Raiz, & celebra ſa premiere
Meſſe le 28. d'Octobre de l'an
1613. feſte des Apoſtres S. Simon
& S. Iude.

Eſtant Preſtre il apprit en per-
fection la langue Sainte, qui luy
fut enſeignée par le R. Pere Iean
Bruno Eſcoſſois, qui auoit eſté
receu Docteur en Theologie aux
Vniuerſitez d'Alcala de Hena-
rez,& d'Auignon, auãt que d'entrer en l'Ordre des Minimes, &
qui depuis alla eſtablir l'Ordre
en Flandre ou aux Païs-bas auec
le R. Pere Iean Sauuage celebre
Predicateur du meſme Ordre.

Le R. P. Iean Prieur eſtant
éleu Prouincial de la Prouince
de France à la feſte de S. Michel
de l'an 1614. donna vne obedience au P. Merſenne d'aller demeu-

rer au Conuent de S. François de
Paule, que feu Monfieur le Duc
de Mantouë, de Montferrat, &
de Niuernois auoit fondé prés de
fa ville de Neuers, pour y enfei-
gner la Philofophie aux ieunes
Religieux. Et en effet il la mon-
ftra durant les années 1615. 1616.
& 1617. & leut la Theologie l'an
1618. Mais il fut obligé de quitter
cet exercice, parce qu'il fut éleu
Correcteur du mefme Conuent,
qu'il a gouuerné auec vne grande bonté, & auec toutes les vertus requifes à vn Superieur d'vne
Maifon Religieufe.

Ayant acheué fon Correcto-
riat fur la fin de l'an 1619. il receut vne obedience du R. P. Hebert (qui eftoit Prouincial pour
la feconde fois de la Prouince de

France) par laquelle il luy commanda de venir demeurer Conuentuel en ce Conuent de l'Annonciade & de S. François de Paule prés de la Place Royale, où il ne fut pas si tost arriué, qu'il medita de trauailler sur l'Escriture Sainte, & dés lors il composa son *premier Tome des Commentaires sur la Genese*, qui vit le iour l'an 1623. & le dedia à Monseigneur Iean François de Gondy premier Archeuesque de Paris. Il fit aussi en mesme temps *des remarques sur les Problemes de George Venitien.*

Il donna au public la mesme année deux petits liures de deuotion en François, sçauoir *l'Analyse de la vie spirituelle, & l'vsage de la raison.*

De

De plus voyant que l'impieté
s'augmentoit en ce malheureux
fiecle, & que Dieu eſtoit grandement des-honoré par quelques ieunes libertins ; il luy vint
vne forte inſpiration de refuter
en François leurs deteſtables
maximes, comme il l'auoit deſia
fait en Latin dans ſon Commen-
taire ſur la Geneſe. C'eſt pourquoy il mit en lumiere vn Liure
diuiſé en deux parties & volumes
ſous ce titre :

*L'impieté des Deiſtes, des A-
thées, & des plus ſubtils libertins
de ce temps, combatuë & renuer-
ſée de poinɛt en poinɛt par raiſons
tirées de la Philoſophie & de la
Theologie.*

Il donna encore au public ſon
Liure, *de la Verité des Sciences,* où

il refute les opinions des Septiques ou Pyrrhoniens : & aussi deux petits volumes en Latin en faueur des Mathematiciens, sous le nom, *de l'Abregé ou Inuentaire de la Mathematique*, & vn autre en François sous celuy *de l'Harmonie Vniuerselle*.

En suite il composa plusieurs autres Liures en la mesme langue, sçauoir *les Questions inoüies : les Questions Harmoniques : les Questions Theologiques, Physiques, Morales & Mathematiques : les Mechaniques de Galilée, & les Preludes de l'Harmonie.*

Douze Liures de l'Harmonie en Latin, qu'il a reueus & augmentez dans vne seconde Edition peu de mois auant son decez.

Mais comme il aimoit ſa pa-
trie , & honoroit parfaitement
ſa nation, il mit ce Liure là en
noſtre langue en deux gros volumes in folio, ſous le titre de
*l'Harmonie Vniuerſelle, contenant
la Theorie & la Pratique de la
Muſique.*

Dans le I. Tome il traite de la
nature des Sons, & des Mouuemens , des Conſonances , des
Diſſonances , des Genres , des
Modes, de la Compoſition, de
la Voix, des Chants, & de toutes ſortes d'inſtrumens Harmoniques auec leurs figures.

Il diuiſe en
VII. Liures
ſon Traité
des inſtru-
mens Har-
moniques.

Le II. Tome contient la Pratique des Conſonances & des
Diſſonances dans le Contre-
point figuré, la methode d'en-
ſeigner & d'apprendre à chan-

ter. L'embelliſſement des airs. La
Muſique accentuelle, la Ryth-
mique, la Proſodie, & la Metri-
que Françoiſe. La maniere de
chanter les Odes de Pindare &
d'Horace. L'vtilité de l'Harmonie, & pluſieurs nouuelles obſeruations, tant Phyſiques que
Mathematiques.

Trois Tomes en Latin in 4°.
dont le I. contient les Traitez
qui ſuiuent, ſçauoir,

Le I. *des Meſures, des Poids,
& des Monnoyes des Hebreux,
des Grecs & des Romains reduites
à la valeur de celles de France.*

Le II. *des Phenomenes ou ſecrets naturels qui ſe font par les
mouuemens & les impreſſions de
l'eau & de l'air.*

Le III. *Le moyen de nauiger &*

de cheminer deſſus & au deſſous
des eaux, auec vn Traité de la
Pierre d'Ayman.

Le IV. De la Muſique ſpecula-
tiue & Pratique.

Le V. Vn Traité des Mechaniques ſelon la Theorie & la Pratique.

Au VI. il explique les iets des
boulets, des fleſches, des iauelots, &
des autres ſemblables pouſſez, par
la force des arcs & des arbaleſtes.

Le ſecond Tome comprend,
vn Abregé de la Geometrie Vniuerſelle & des Mathematiques
mixtes, où ſe voyent

Premierement les XV. Liures,
des Elemẽs d'Euclide, auec trois
autres de Monſieur François de
Foix de Candale Euéque d'Aire,
Commandeur des deux Ordres

du Roy, & l'Euclide de ce temps.

II. XXVII. Liures de la Geometrie de Pierre de la Ramée, dit Ramus.

III. Les Oeuures d'Archimede, ou deux Liures de la Sphere & du Cylindre, de la mesure du Cercle, des figures Coniques & Spheriques, &c.

IV. Le supplément d'Archimede.

V. Trois Liures des Spheres de Theodose, trois aussi de Menelas, & trois de Maurolic. Antolic de la Sphere auec Theodose des diuerses demeures des hommes qui habitent sur la terre. Les Phenomenes d'Euclide & la Comosgraphie. Les IV. Liures des sections Coniques d'Apollonius. Deux Liures de Selenus de

la section du Cylindre. IV. Liu-
ures des sections Coniques de
Monsieur Mydorge. VIII. Liures
abregez des Collections de Pap-
pus, où se voyent les suppoſi-
tions d'Euclide. Les coupes des
angles de Monſieur Viete, &
pluſieurs autres Traitez. II. Liures de Mechaniques, où se trou-
uent les Oeuures de Commendi-
nus, & de Luc Valerius. Du Cen-
tre de grauité des corps solides,
&c. VII. Liures de l'Optique, où
il explique la Catoptrique, la
Dioptrique, les Paralaxes, ou diuers aſpects & les refractions.

Dans le troiſiéme Tome l'on
voit, *les Nouuelles obſeruations
Phyſicomathematiques auec Ari-
ſtarche Samien de la Conſtitution
du Monde.*

B iiij

Il ne faut pas obmettre icy que le R. P. Iean Frãçois Niceron Parifien, Religieux de nôtre Ordre, eftant decedé fur fon *Thaumaturgue Optique*, noftre R. P. Merfenne prit la peine de reuoir le Liure Latin & François de ce Religieux, lequel eft mort au Conuent d'Aix en Prouence le 22. de Septembre de l'an 1646. eftant âgé de trente-trois ans, au grand regret de tous les doctes & les curieux qui l'ont connu, & l'ont aimé pour fon eminent fçauoir en la Theologie, en la Philofophie, & aux Mathematiques, & pour fes autres excellentes qualitez.

Trauaillant à cet Ouurage, & en mefme temps à vn II. Tome de *Commentaires fur la Genefe*, à

vn autre ſur S. *Mathieu*, & à
faire de continuelles experiences
ſur le Vuide, il tomba malade le
27. de Iuillet de l'an mil ſix cens
quarante-huiᴄ̌t, d'vn abſcez que
l'on croyoit au commencement
vne fauſſe pleureſie.

Peu de iours aprés voyᷓt que ſon
mal de coſté ne diminuoit point,
mais qu'il augmentoit de iour en
iour, il ſe diſpoſa à paſſer de cette vie terreſtre à l'eternelle &
bien-heureuſe : car la mort qui
paroiſt épouuentable à la pluſpart des hommes, ſe preſenta à
ſes yeux auec des beautez & des
charmes. Il embraſſa genereuſe-
ment cette fin de ſa vie auec toutes les tendreſſes de ſon cœur,
l'ayant purifié par vne exaᴄ̌te
Confeſſion generale de toute ſa

vie, qu’il me fit le 5. d’Aouſt
feſte de Noſtre-Dame des Nei-
ges : ainſi il ſe fortifia par pluſieurs Communions, par le ſaint
Viatique, & par l’Extreme-On-
ction qu’il demanda auec inſtan-
ce, & qu’il receut auec vn zele &
vne ferueur incroyable. Si bien
que s’eſtant armé de ces armes
diuines pour le combat d’entre
la chair & l’eſprit, & s’eſtant dé-
poüillé de toutes les affections
humaines pour ſe reueſtir du
ſeul IESVS-CHRIST crucifié,
il ſe reſolut à cet effroyable mo-
ment en parfait Chreſtien & en
vray Religieux. Le Venerable
Pere Iean Auury Correcteur, &
tous les Religieux de ce Conuent de ſaint François de Paule
prés de la Place Royale, qui l’ont

affisté les XXXVII. iours qu'il a
esté malade, & qui luy ont veu
finir sa vie, sont encore dans l'admiration de la force extraordinaire de son cœur. Aprés auoir
dit son intention dans les der-
niers iours de sa maladie tou-
chant les Liures qu'il auoit sous
la presse, & prié le Superieur de
serrer les Liures defendus qui
estoient dans sa chambre, son
esprit libre ne pensa plus qu'à
s'ouurir le chemin du Ciel.

Ainsi a vécu, ainsi est mort le
R. P. MARIN MERSENNE
Religieux de l'Ordre des Minimes de saint François de Paule, le
premier iour du mois de Septé-
bre à trois heures aprés midy
de l'an mil six cens quaráte-huit,
ayant vécu soixante ans moins

huit iours. Il en a passé trente-
sept dans la Religion, qu'il a em-
ployez ou à prier Dieu, ou à estu-
dier & à conferer, tant de viue
voix que par écrit auec plusieurs
habiles hommes en toutes sor-
tes de professions, qui l'ont grandement honoré, non seulement
pour sa doctrine, (car il n'igno-
roit rien de tout ce qui rend les
hommes sçauans) mais à cause
de sa douceur, de son humilité,
& de ses autres excellentes qualitez, qui l'ont fait admirer de
tous ceux qui ont eu le bien de le
connoistre, ou par ses conferen-
ces, ou par ses écrits, ou par les
voyages qu'il fit en Alemagne,
en Flandre & en Hollande l'an
1630. en France 1639. & en Italie,
& en France és années 1644.

1645. 1646. Car il fit amitié auec les plus illuſtres & les plus cele-bres perſonnages des païs où il voyagea.

Il a eſté regretté vniuerſelle-ment, & des grands & des petits qui l'ont connu. Auſſi donnoit-il ie ne ſçay quelle tendreſſe de cœur à tous ceux à qui il parloit : ſes diſcours n'auoient rien de melancholique, mais ils eſtoient aſſaiſonnez d'vne certaine naïue-té & d'vne douceur ſi attrayan-te, qu'il ſembloit auoir acquis vn doux empire ſur les cœurs : En effet tout le monde aimoit vni-quement ſa conuerſation.

Sixtin Amama Profeſſeur en Grammaire à Franiker en Friſe, & Robert Flud ou des Flots, Medecin Anglois de l'Vniuerſité d'Oxford, ont composé des Liures contre noſtre Pere Merſenne : mais le premier ayant reconnu ſa franchiſe & ſa ſincerité, fit depuis amitié auec luy, comme l'on peut voir par les belles & les honorables lettres qu'il luy a ſouuent écrites. L'autre ayant vomy contre ſa perſonne & contre ſes Liures pluſieurs iniures dignes d'vn homme qui n'auoit point de Religion, a veu à ſon grand déplaiſir pluſieurs ſçauans hommes prendre le party du Pere Merſenne contre luy ; entre autres le R. P. François de la Nouë Pariſien, Theologien de noſtre Ordre des Minimes (maintenant Collegue, ou Aſſiſtant François du Reuerendiſſime Pere Thomas Munoz

& Spinossa Correcteur general du méme Ordre) sous le nom du sieur *Flaminius :* le R. Pere Iean Durel Foresien, aussi Theologien du méme Ordre, sous le nom *d'Eusebe de saint Iust,* & Monsieur * Gassendi Preuost de l'Eglise de Digne en Prouence, qui ont refuté par de solides raisons les resueries, les impertinences & les fausses opinions de cet homme furieux & melancholique.

Ces deux Escriuains n'ont acquis aucune gloire par les Liures qu'ils ont écrit contre luy : mais plustost de la confusion & de la honte : car au lieu d'estre blessé par les traits des enuieux de sa vertu & de son sçauoir, il a fait retomber sur leurs testes leurs

propres fleſches par la ſincerité
de ſes actions, par la probité de
ſa vie, & par la ſolidité de ſa doctrine.

Pluſieurs excellens hommes
(outre les trois que i'ay nommez)
ont magnifiquement parlé de
luy, ou ils ont fait vne honorable mention de ſes œuures dans
leurs Liures : comme Claude
Robert Chanoine & grand Vicaire de Châlon ſur Saone dans
ſa Gaule ou France Chreſtienne,
en ces termes Latins, *Marinus
Merſennus, Cenomanenſis, inter
Patres Minimos non vltimo loco,
ob inſignem pietatem & doctri-
nam recenſendus.* Marin Merſenne Manceau, qui pour ſon inſi-
gne pieté & ſa doctrine merite
d'eſtre mis au nombre des plus
cele-

celebres des Peres Minimes.

Meſſieurs de Sainte Marthe freres iumeaux, & dignes Hiſtoriographes du Roy, dans la ſeconde edition du liure de la Gaule Chreſtienne de Monſieur Robert , qu'ils ont deſſein d'augmenter, où l'on verra le Catalogue des Archeueſques, des Eueſques & des Abbez de France.

Le Pere Iean Philipeaux de la Compagnie de IESVS en ſes Commentaires ſur Oſée : le P. George Fournier de la méme Compagnie en ſon Hydrographie.

Dom Pierre de ſaint Romuald de l'Ordre des Peres Feüillans dans le III. Tome de ſon Threſor Chronologique & Hiſtorique.

Le Pere Louis Iacob de ſaint Charles, de l'Ordre des Peres

C

Carmes au Traité des Bibliothe-
ques.

Michel Florent Langrenus
Mathematicien & Cofmogra-
phe du Roy d'Efpagne en fa Se-
lenographie ou defcription de
la Lune.

Iean Heuelius Efcheuin ou
Conful de Danzich en Pologne,
en fa belle, docte & curieufe Se-
lenographie.

Bonauenture & Abraham
Elzeuirs dans la *Preface des Oeu-
ures Mathematiques de François
Viete Poiteuin*, Confeiller du
Roy & Maiftre des Requeftes
ordinaire de fon Hoftel, impri-
mées à Leyden par les foins de
François de Schooten Profef-
feur en Mathematique en cette
Vniuerfité de Hollande.

L'Abbé Dom Iean Caramuel
Lobkovvitz Religieux de l'Or-
dre de Cisteaux, & Docteur en
Theologie de l'Vniuersité de
Louuain, dans diuers Traitez de
Theologie & de Mathemati-
que.

Le P. Luc de Montoya Religieux de nostre Ordre des Minimes en sa *Preface sur les Meta-*
phores du liure de la Genese.

Le Pere Claude Rangueil de
Crespy en Valois Theologien
du mesme Ordre, dans ses Com-
métaires sur les Liures des Rois.

Et aussi le P. Simon Martin Religieux du mesme Ordre dans
l'Eloge de Marie sœur de Moyse
& d'Aaron.

Iaques d'Auzoles sieur de la
Peyre dans sa *sainte Chronologie,*

en *son Mercure Charitable*, &
dans d'autres liures.

René Des Cartes Gentil-hom-
me François, en sa *response aux
septiesmes Questions.*

Le R. P. Iaques Bolduc Theologien de l'Ordre des Peres Capucins en *ses Comentaires sur Iob.*

Christofle Scheinerus, vulgairement Scheiner, de la Compagnie de I E S V S, en son liure qui a
Rosa Vrsi-na. pour titre, *la Rose des Vrsins,*
parle fort honorablement des
Commentaires du P. Mersenne
sur la Genese, comme l'on peut
voir en la page 735. du liure de
ce Pere Iesuite, qui le cite entre
Iean Baptiste Follengius & Pierre Hurtado de Mendoza de sa
Compagnie.

Iean Berouicius ou Beueruvich

dans sa question proposée par lettre, sçauoir, *si nostre vie se peut prolonger ou accourcir, ou si de necessité elle a sa durée totalement limitée :* entre autres a adressé vne lettre au P. Mersenne, où il le qualifie Philosophe tres-celebre, & en suite il met la réponse qu'il luy a faite.

Pierre Meusnier Docteur en Medecine au commencement de son cours de Philosophie, luy adresse aussi vne Epistre, dans laquelle il le qualifie tres religieux & tres sçauant, & a inseré aussi la réponse que luy a faite ce Pere.

Le R. P. Valerien Magni, Milanez, Theologien & Philosophe de l'Ordre des Capucins (dont le nom est celebre en Italie & en Pologne pour sa pieté & sa doctrine, qui l'ont fait aimer de ce grand Prince le feu Roy de Pologne & de Suede Vladiſlas I V.) luy a adreſſé & dedié ſon Traité de *l'Atheiſme d'Ariſtote*, imprimé à Warſauie, la date de l'Epiſtre eſt du 19. de Nouembre 1647.

La pluſpart des Autheurs qui ont écrit ſur l'experience qui met en doute ſi la Nature peut ſouffrir le vuide, ont cité le Pere Merſenne : entre autres le R. P. Eſtienne Noel Recteur du College de Clermont des Peres Ieſuites à Paris à la page 59. de ſon liure *de la Peſanteur comparée, ou de la Comparaiſon de la peſanteur de l'air auec la peſanteur du Vif-argent*, le cite en ſon Chapitre 6. *des Obſeruations Phyſicomathematiques* à la page 104.

Monſieur Hoob Anglois Precepteur de Monſeigneur le Prince de Galles, dans ſes liures de Philoſophie & de Mathematique.

Mr Nicolas du Cheſne de Foreſt dans ſon liure de Philoſophie.

Monſieur Naudé *en ſon Addition à l'Hiſtoire du Roy Louis XI.* & en *ſon Aduis pour dreſſer vne Bibliotheque.*

Monſieur Petit Intendant des Fortifications, qui a eu vne continuelle correſpondance auec luy pour les experiences & les curioſitez, en ſon *diſcours Chronologique,* en ſon *Traité du Vuide,* & en pluſieurs autres.

Leon Allatio Grec dans ſon liure, qui a pour titre les *Abeilles* *Vrbaines,* ou des Hommes il-

C iiij

luftres qui ont eflé à Rome aux années 1630. 1631. 1632. & ont mis des liures en lumiere, fait mention du P. Marin Merfenne en la page 115.

Au liure intitulé, *Refutation d'vn libelle imprimé à Roüen fous le titre de Futilité, &c.* page 22. le mefme P. Marin Merfenne eft cité en fon Ouurage *des inftrumens de Mufique,* & ioint auec Boëce.

Iean Seldenus vulgairement Sildens, Anglois, le loüe grandement dans plufieurs de fes Oeuures, & admire la bonté de fon efprit & fon affiduité à l'eftude. Ceux qui ont leu fon liure qui a pour titre, *les Marbres d'Arondel,* n'ignorent pas qu'il cite les Commentaires du P. Merfenne fur la Genefe trois ou quatre fois en vne feule page.

Iean Pellius, ou autrement Pele, Profeſſeur en Mathematique en la nouuelle Academie de Breda, le cite auſſi en la page 55. dans ſon liure intitulé, *la Controuerſe de la vraye meſure du Cercle*.

Controuerſa de vera circuli menſura.

En vn mot les plus polis & les plus doctes perſonnages de l'Europe l'ont reſpecté & honoré comme vn Oracle.

Guillaume Colletet Aduocat au Parlement de Paris & au Conſeil d'Eſtat & Priué du Roy, dans ſon Hiſtoire des Poëtes François a exalté en pluſieurs endroits la rare ſuffiſance du R. P. Merſenne; maisparticulierement en la vie de Iacques Pelletier du Mans, docte Medecin, excellent Poëte, & tres conſommé dans les Mathematiques.

» Mais dans les sciences eternel-
» les, *dit le mesme sieur Colletet*, nous
» possedons auiourd'huy deux hô-
» mes qui sçauent exactemét tout
» ce qu'ont sceu Eudoxe & Hip-
» parchus ces deux fameux Anta-
» gonistes, qui se font mesme en
» cela rendus les riuaux d'Euclide,
» & les legitimes successeurs de
» Ptolomée ; i'entens parler du R.
» Pere Marin Mersenne Religieux
» Minime, & Pierre Gassendi, es-
» prits qui malgré l'ignorance du
» siecle nous representent en quel-
» que sorte ces deux fameuses &
» durables colonnes animées, qui
» malgré les eaux du deluge vni-
» uersel côseruent au monde tous
» les arts & toutes les sciences, où
» ils excellent comme à l'enuy l'vn
» de l'autre. De sorte que ie puis

dire d’eux auec verité, que par »
leur haute fuffifance ils n’ont pas »
moins merité des François que »
le vieux Berofe de Chaldée me- »
rita des Atheniens, qui prirent »
le foin de luy eriger dans leurs »
Efcoles publiques vne ftatuë »
d’vn metail precieux, & dont la »
langue mefme eftoit d’or. O heu- »
reux fiecle, ô heureux Empire, »
où la vertu eftoit fi noblement »
recompenfée! mais outre ces bel- »
les & profondes cónoiffances que »
poffede le Pere Merfenne, ie loüe »
encore en luy l’ardente paffion »
qu’il a pour noftre Poëfie Fran- »
çoife, iufques à nous folliciter »
inftamment d’accorder nos fain- »
tes chanfons à la lyre de Dauid, »
& à preparer à nos vers vne dou- »
ce & melodieufe harmonie. Les »

» lettres qu'il m'a écrites fur ce fu-
» iet font des tefmoignages glo-
» rieux & vifibles de fes genereux
» fentimens, & de fa grande affe-
» ction enuers les Mufes.

Monfieur de la Mothe le Vayer
Hiftoriographe du Roy adreffe
só difcours Sceptique fur la Mufique, à noftre R. P. Marin Merfenne, comme i'ay remarqué en
deux endroits de ce difcours.

Au premier : *Que fi pour vous
complaire, mon R. P. nous defcen-
dons de cette confideration generale au particulier de la Mufique,
fur laquelle ie reconnois que vous
auez eu des penfees fi releuees, que
l'antiquité ne nous en fournit point
de pareilles, nous n'y trouuerons
neantmoins pas moins peut-eftre
de fuiets de douter, & de matiere à*

faire valoir nos confiderations Sce-
ptiques, qui regardent l'incertitude
de ce qui femble tomber par l'inter-
uention des fens fous noftre e n ten
dement. Car puifque vos profondes reflexions fur cette charmante
partie des Mathematiques, ne laif-
fent aucune efperance d'y pouuoir
rien adioufter à l'auenir, comme
elles ont furpaßé de beaucoup tout
ce que les fiecles paffez, nous en
auoient donné, que pouuez, vous
attendre de moy, & de ma façon
de philofopher qui vous eft affez,
connuë, que des doutes & des irre-
folutions, dont le genie, qui me poffede, ne fait pas moins d'eftat fouuent que des plus celebres axiomes
& des plus arreftées maximes de
l'Efchole? Ie fçay bien que c'eft te-
merité à moy de vous enuoyer fi

peu de chofe, mais puifque les obli-
gations, que vous auez acquifes fur
moy, m'oftoient la liberté du refus,
i'ay crû le crime bien plus grand de
vous refifter auec ingratitude, que
d'eftre fimplement trop hardy en
vous obeïffant. On dedie tous les
iours affez de chofes petites dans
vos Temples, que la bonne intention & la fainéteté du lieu fait efti-
mer, ie me promets que l'vne &
l'autre confideration opereront icy
de mefme.

Au fecond: *Vous n'aurez autre chofe de moy fur ce fuiet, mon
R. P. que ce peu fuffifant à mon
aduis pour fatisfaire fceptique-
ment à mon premier deffein, puifque la belle & rare façon dont vous
auez traitté la Mufique, ne me
laiffe que ce feul moyen d'en dire*

quelque chofe aprés vous. Ie n'ay
pas fait difficulté de me ioüer auec
vous des façons de difcourir ou
moyens de l'Epoche, fçachant bien
que vous ne les auez iamais im-
prouuez dans les limites des fciences humaines, & que vous n'auez
nulle part blafmé la Sceptique, lors
que refpectueufe vers le Ciel, &
captiuant fon raifonnement fous
l'obeïffance de la Foy, elle s'eft con-
tentee d'attaquer l'orgueil des Do-
gmatiques par l'incertitude de leurs
difciplines.

Monfieur Gaffendi Preuoft de
l'Eglife de Digne & Profeffeur
du Roy, au Liure v. de la Vie de
cet homme illuftre Nicolas Claude Fabry Seigneur de Peirefc
Confeiller au Parlement d'Aix,
parle fouuent auec honneur du

P. Merfenne, & luy donne ce bel eloge, quand il louë ce digne Senateur, l'honneur de la Prouence, pour la faueur qu'il portoit aux hommes de lettres, remarquant comme il leur preftoit les Liures de fa Bibliotheque, qui eftoit l'vne des meilleures & des plus curieufes, non feulement de la France, mais de l'Europe.

Infigne volumen circa theoriam Mufices, mifit primùm ad Donium, ac deinceps addito volumine Arabico, cum elegantißimis figuris, ad Marinum Merfennum ex Minimorum ordine, virum eximiè bonum, doctum, curiofum, & in illuftranda naturæ religioníſque veritate indefeßum.

Il enuoya premierement vn volume de la Theorie de la Mufique

que à Monſieur Doni, & depuis
le meſme volume & vn autre en
langue Arabeſque auec des figures exactement trauaillées au P.
Marin Merſenne de l'Ordre des
Minimes, perſónage remply d'v-
ne grande bonté, docte, curieux,
& infatigable quand il s'agiſſoit
de s'employer à éclaircir & mettre au iour les veritez de la Religion, & les ſecrets de la Nature.

Iean Iaques Bouchard, Pariſien,
dans l'oraiſon funebre qu'il fit à
Rome le 21. de Decébre 1637. dans
l'Academie des Humoriſtes en
l'honneur du meſme Seigneur de
Peireſc, & en la preſence des Cardinaux François & Antoine Barberin, Bentiuole, de la Cueua,
Biſci, Pamphilio, (auiourd'huy
Pótife de Rome appellé Innocét

D

X.)Pallote, de Brãcas, Aldobran-
din & Borghese, & de plusieurs
sçauans hommes qui demeurent
en cette ville capitale, non seulement de l'Italie, mais de la Chre-
stienté & du monde: Aprés auoir
loüé plusieurs amis de ce docte
Conseiller du Parlement de Prouence, lesquels sont illustres non
seulement par leur sçauoir, mais
aussi par les premieres Charges
du Conseil & des Cours souue-
raines de ce Royaume, qu'ils e-
xercent si dignement, il dit ces
paroles en faueur de nos François qui font profession des belles lettres, entre lesquels il donne place au P. Mersenne.

*Sirmondum relinquo, Petauium,
Morinum, Mersennium, Burde-
lotium & Valesium, aliósque innu-*

merabileis, ex summâ doctrinâ
præclariſſimiſque ſuis ſcriptis, ma-
ximè claros.

Ie laiſſe Sirmond, Petau, Morin, Merſenne, Bourdelot & Valois, & vne infinité d'autres qui
ſont celebres & renommez par
leur grande doctrine & par leurs
illuſtres écrits.

Monſieur Iſmael Boulliau, Preſtre, qui demeure chez Monſieur
de Thou, en ſes Notes ſur Theon
de Smyrne page 269.

Experientia inſuper docuit to-
norum diuiſionem in partes æqua-
les ſymphoniam accuratiorem effi-
cere, & ſuauiorem : diuiſáque to-
ta octaua in duodecim æqualia ſe-
mitonia in organorum ſyſtemate,
meliùs inter ſe conſonare ſonos.
De quibus legendus R. P. Mari-

nus Mersennus in tractatu de or-
ganis, libro Harmoniæ Vniuer-
salis.

Au reste l'experience a appris
que la diuision des tons en parties égales rend l'accord plus parfait & plus doux : & toute l'octa-
ue estant diuisée en douze demi-
tons égaux dans le systeme des
orgues, les sons rendét entre eux
des consonantes plus parfaites.
Et sur ce suiet il faut lire le R. P.
Marin Mersenne en son Traité
de l'Orgue dans son Harmonie
Vniuerselle.

Le mesme en ses Prolegome-
nes de l'Astronomie Philolai-
que, où il parle de l'Harmonicon
celeste de Monsieur Viete.

Opus ipse conscripserat, cuius
titulus fuit Harmonicon cœleste,

quod vir illuſtriſſ. Petrus Puteanus
vtendum olim dederat P. Mari-
no Merſenno Religioſo Ordinis
Minimorum, vt ipſius cupiditati,
qua res nouas ac non vulgares
appetit, morem gereret.

Il auoit compoſé vn œuure intitulé l'Harmonicon celeſte, que Monſieur du Puy a autres fois preſté au P. Merſenne Religieux de l'Ordre des Minimes, pour ſatisfaire à la curioſité, par laquelle il recherchoit les choſes rares & nouuelles.

Gabriel Naudé Pariſien, Prieur d'Artige, Chanoine de Verdun & Bibliothecaire de Meſſieurs les Cardinaux de Bagni, Antoine Barberin & Mazarin, en ſa queſtion du Deſtin & du terme dernier de la Vie page 265. de

D iij

l'Edition in octauo, luy donne aussi ce bel Eloge.

Satis habeo illud probabiliter oftendiffe, quod Marinus Mer-fennius & Petrus Gaffendus, viri publico hominum bono, & nobiliorum difciplinarum incremento nati, nouis grauibúfque argumentis demonftrarunt : fcilicet totum id quod Aftrologorum arte continetur, nulla neque ratione, neque obferuatione fulciri, &c.

Ce m'eft affez d'auoir monftré cecy par des raifons probables. Ce que Marin Merfenne & Pierre Gaffendi, perfonnes nées pour le bien public & pour l'accroiffement des fciences les plus nobles, ont prouué folidement auec des raifons tres puiffantes & nouuellement reconnuës : Que ce

qui eſt contenu dans l'Aſtro-
logie n'eſt appuyé d'aucune rai-
ſon ny experience.

Le meſme en ſon Iugement de
cet excellent Medecin & Mathematicien Milanez Hierôme Car-
dan, met noſtre P. Merſenne dans
le ſecond ordre des bons eſprits.

*Secundus autem eos complecta-
tur, qui longiùs adhuc per ſcien-
tiarum varietatem prouecti ſunt,
Ciceronem nempe, Plutarchum,
Plinium, Viuem, Geſnerum, Bo-
dinum, Patricium, Mazzoniŭ,
Allatium, Merſennium, Doniŭ,
& id genus alios.*

Le ſecond lieu des eſprits doit
comprendre ceux qui ont fait vn
plus grand progrez dans la diuer-
ſité des ſciences, comme Ciceron, Plutarque, Pline, Viues,

Gesner, Bodin, Patrici, Mazzo-
no, Leon Allatio, Mersenne,
Doni, & autres semblables,

Le mesme en son Iugement
d'Augustin Niphus, de Sessa au
Royaume de Naples, le premier
Philosophe de son temps:

*Neque adeo nostris Gallis sum
iniquus, vt nesciam aut dißimu-
lare velim, extitiße nuper inter
illos celeberrimi nominis Philoso-
phum Ioannem Craßotium, &
nunc reperiri Gaßendum, Mersennium, Bullialdum, Descar-
dium, Belriguardum, qui subti-
lioris & inquisitioris philosophiæ
dignitatem asserere à contemptu,
eámque faustis ominibus, in reli-
quarum scientiarum arcem infer-
re poßint.*

Ie ne suis pas si contraire à nos

François, que ie veüille ignorer ou diſſimuler que nagueres il a paru parmy eux auec éclat vn Philoſophe tres-celebre, ie veux dire Iean Craſſot, & qu'auiour-d'huy nous auós encore vn Gaſſendi, vn Merſenne, vn Boulliau, vn Des Cartes, vn Beauregard, qui ſont capables de defendre l'honneur & la gloire de la plus ſubtile & de la plus curieuſe Phi-loſophie, & la conduire heureuſe-ment dans le Palais des ſcien-ces.

Iean Cecile Frey Medecin & Profeſſeur celebre en Philoſo-phie dans l'Vniuerſité de Paris, en ſon Chemin nouueau & tres-facile pour arriuer aux ſciences diuines, aux arts & à la con-noiſſance des langues,

Artium autem nomina omnium non aliunde magis disces, quàm vel ex libello nostro hac de re edito, cui inscriptio, Artes & Scientiæ ordine & cura distributæ & definitæ : vel (saltem quoad Mathematicas) ex Religiosorum doctissimo & omniscio Mersenno.

C'est à dire, que pour les noms de tous les Arts vous ne les pourrez pas mieux apprendre, que de nostre petit liure mis en lumiere sous ce titre, *les Arts & les Sciences ordonnées & definies,* ou bien pour celles qui regardent les Mathematiques, que de celuy qui n'ignore rien le P. Mersenne le plus sçauant des Religieux.

Le R. P. Theophile Reynault de la Compagnie de I E S V S en sa *Trinitas Patriarcha-rum.* Triade de trois Patriarches de

Religions, ſçauoir S. Bruno Fon-
dateur des Peres Chartreux, S.
François de Paule des Peres Minimes, & S. Ignace de Loyola
des Peres Ieſuites page 395. eſt le
Panegyriſte de ce Religieux par
ces paroles:

Marinus Merſennus, gurges
diſciplinarum omnium, & mon-
ſtroſæ ſcriptor varietatis, quem
præſens auum ſuſpicit, poſteritas
cum ſtupore venerabitur, ſed par-
camus ſuperſtiti modeſtiæ.

Marin Merſenne qui eſt vn
abyſme de toutes les ſciéces, qui
a écrit vne prodigieuſe diuerſi-
té de matieres, que ce ſiecle regarde auec admiration, & que la
poſterité reſpectera auec eſton-
nement. Mais il ne faut pas offen-
ſer la modeſtie d'vn homme viuant.

Il eſtoit viſité ordinairement par pluſieurs Prelats, Princes, Seigneurs, Theologiens, Conſeillers, Medecins, Mathematiciens & Poëtes excellens, dont les noms ſont celebres par leur ſçauoir, & par l'amour qu'ils portent aux belles lettres.

Entre les Eccleſiaſtiques i'ay remarqué Monſeigneur le Cardinal François Barberin, qui a eſté Legat du Pape Vrbain VIII. en ce Royaume prés du feu Roy de France & de Nauarre Louis XIII. dit le Iuſte : Meſſieurs François de Harlay Archeueſque de Roüen & Primat de Normandie : Charles de Monchal Archeueſque de Toloſe : feu Monſieur Louis Bretel Archeueſque d'Aix : feu Mon-

sieur Gabriel de Laubespine
Euesque d'Orleans : feu Monsieur Iean Iaubert de Barrault
Euesque de Bazas, & depuis Archeuesque d'Arles : feu Monsieur Gilles de Souuré Euesque
de Comminges, & depuis d'Au-
xerre : Monsieur Iean Planteuit
de la Pause Euesque de Lodeue :
Monsieur Estienne Puget Euesque de Dardanie, à present de
Marseille : feu Monsieur Henry
de Sponde Euesque de Pamiez :
Monsieur Antoine Godeau E-
uesque de Grasse & de Vence :
Mr Isaac Habert Euesque de
Vabres & Docteur de Sorbonne : Mr Louis de Bassompierre
Euesque de Xaintes : feu Mr
Scipion d'Aquauiue d'Arragon
Duc d'Atrie, Chanoine de saint

Pierre de Rome & Abbé de S. Arnoul de Mets : Monfieur André du Sauffay Official & Grand Vicaire de Monfeigneur l'Archeuefque de Paris, nommé par le Roy à l'Euefché de Toul : feu Monfieur Nicolas Claude Fabry de Perefc Abbé de fainte Marie de Guitres en Aquitaine, & Confeiller du Roy en fa Cour de Parlement de Prouence : Monfieur de Refuge Abbé de S. Cybar d'Angoulefme & Confeiller du Roy en fa Cour de Parlement de Paris : Monfieur Cefar d'Eftrée Abbé de Noftre-Dame de Longpont : Môfieur l'Abbé de Chambon de la maifon de Hay en Bretagne Docteur en Theologie de la Faculté de Paris : & de plufieurs autres Docteurs de cette

mesme sacrée Faculté , sçauoir
Messieurs Chastelain Chanoine
de Nostre-Dame de Paris, Cha-
pelas Curé de S. Iaques de la
Boucherie, Perreret Grand Maistre du Royal College de Nauarre, Frizon Docteur de la mesme
Maison, Conseiller & Aumosnier du Roy, qui a écrit en Latin
les Vies des Eminentissimes Cardinaux François sous le titre de
la Gaule Pourprée : Iean de Lau- Gallia Pur-
noy Docteur de la mesme Mai-   purata.
son : Bandel Docteur de Sor-
bonne: Bachelier Docteur de la
mesme Maison: Monsieur Pierre Gassendi Preuost de l'Eglise de Digne , connu par toute l'Europe par son sçauoir :
feu Monsieur Iean de Cordes
Chanoine de Limoges : Mon-

fieur Iaques Pradier Abbé de Noftre-Dame la Blanche dans l'Ifle de Noirmouftier: feu Claude Robert Chanoine de Châlon: Monfieur de Nefmes Chanoine & Theologal de faint Sauueur d'Aix: feu Monfieur de Gautier Prieur & Seigneur de la Valete en Prouence: feu Monfieur Simon de Muys Chanoine de Soiffons & Profeffeur du Roy en la langue fainte dans l'Vniuerfité de Paris: Monfieur le Iay Doyen de Vezeley & Confeiller d'Eftat, qui a fait imprimer auec vne grande defpenfe la Bible en Hebreu & en autres lágues Orientales: Le R. P. Guillaume Gibieuf Docteur de Sorbonne & Preftre de l'Oratoire: le R. P. Ican Morin de Blois auffi Preftre de la Con-

gre-

gregation de l'Oratoire de nô-
tre Seigneur Iesus-Chrift : les
Reuerends Peres Iaques Sirmód,
Confeſſeur du feu Roy Louis
XIII. Denys Petau, Eſtienne
Noel, Nicolas Cauſſin auſſi Con-
feſſeur du feu Roy Louis XIII.
Pierre Bourdin, Iean Phelipeaux
& Iean François, tous ſept de la
Compagnie de I E S V S, & cele-
bres par les liures qu'ils ont mis
en lumiere : le P. Thomas Cam-
panella, Calabrois, Theologien
de l'Ordre de ſaint Dominique :
Dom Iean de Vaſſan, dit de ſaint
Paul, de l'Ordre des Peres Feüil-
lans : le feu Pere Dominique de
I E S V S de l'Ordre des Carmes
Deſchauſſez : le P. Louis Iacob,
dit de ſaint Charles, de l'Ordre
des Carmes, Conſeiller & Au-

Ces deux Preſtres de l'Ora-toire ſont illuſtres, par leur ſçauoir & par les li-ures qu'ils ont don-nez au pu-blic.

E

moſnier ordinaire du Roy : les R R. Peres Iaques Bolduc & Ioſeph de Morlaix de l'Ordre des Capucins : Dom Martin Marrier Religieux Benedictin & Prieur Cloſtral du Monaſtere de ſaint Martin des Champs, aſſez connu par les liures qu'il a donnez au public. Dom Michel Bauldri Manceau , auſſi Religieux de l'Ordre de ſaint Benoiſt de l'Abbaye de Noſtre-Dame d'Euron, & Grand Prieur de celle de La-gny, qui a écrit vn liure des Ceremonies de l'Egliſe : les Peres Artus du Mouſtier, & Leonard Duliris de l'Ordre des Recolets : Monſieur Fremart Maiſtre de la Muſique de Noſtre-Dame de Paris, fort eſtimé pour la compoſition: feu Monſieur Abraham

Blondet Sous - Chantre de la
mefme Eglife : Monfieur Boulliau Preftre, excellent Theologien , Philofophe & Mathematicien : Mõfieur Michel du Chefne, Parifien, Profeffeur en Philofophie en la Royale Maifon de
Nauarre, tres-exact dans fes Re-
cherches des fecrets de l'Art &
de la Nature , auec lequel il a fait
quantité d'experiences, tant en
France qu'en Italie : Monfieur
Iofeph Voifin , Preftre, Confeiller & Aumofnier de Mõfeigneur
Armand de Bourbon Prince de
Conty , natif & iffu d'vne bonne
famille de Bordeaux, tres -fçau-
uant aux langues Hebraïque &
Grecque, cõme il a fait paroiftre
dans fon liure de la Theologie *Theologia*
Hebræorũ.
des Hebreux & autres Traitez: *Difputatio*

E ij

Theologica orthodoxa de sanctissima Trinitate aduersus disceptationem haeretici Antitrinitarÿ anonymi.

Monsieur Rebours, Prestre, auquel il a dedié l'vn de ses liures : Monsieur Bonard, Prestre, Aumosnier de feu Monseigneur André Fremiot ancien Archeuesque de Bourges, sçauant en la Medecine & en la Philosophie, auec lequel il a fait diuersité d'experiences : Monsieur Germain Habert Abbé de Cerisy, qui a écrit la Vie de feu Monseigneur le Cardinal de Berulle : Monsieur l'Abbé de Launay de la Maison des Brissonnets : Monsieur Sublet Abbé de Vandosme, auquel il a dedié l'vn de ses liures de Mathematique : Monsieur de Longueterre de la Maison des Perrotins de Daufiné, qui a écrit plusieurs bons liures, entre autres, *la Vie* de feu Mon-

seigneur *François de Sales* Euef-
que & Prince de Geneue, & Fon-
dateur de l'Ordre de la Vifita-
tion de fainte Marie, de bien-
heureufe memoire : *les Souſpirs
de Philothée, & l'Eſclauage de la
Vierge.* Monfieur Thomas de
l'ancienne & de la genereufe
Race des Trinobants en An-
gleterre, qui a écrit plufieurs liures, entre autres, *trois Dialo-
gues du monde,* fçauoir de fa matiere, de fa forme, & de fes cau-
fes : Mr Abraham Maronite, Docteur en Theologie & en Philofophie, & Interprete du Roy
aux langues Syriaque & Ara-
befque, & Profeffeur en ces langues là dans l'Vniuerfité de Paris : Monfieur Nicolas Foreft du
Chefne Profeffeur en Rhetori-

Thomas Anglus, è generosâ Albiorum in Oriente Trinobar-tum profa-pia oriun-dus.

Selecta Diſ-fertationes Phyficoma-thematica

E iij

que, en Mathematique, en Philosophie & en Theologie, duquel i'ay parlé cy-deuant parmy les Autheurs qui ont fait honorable mention de ses œuures : Mr l'Abbé de Burzeis assez connu par son sçauoir & ses écrits, & vne infinité d'autres dont ie n'ay pas la connoissance.

Entre les seculiers i'ay remarqué Monseigneur Louis Emmanuel de Valois, Comte d'Alais, Colonel general de la Caualerie legere de France, Gouuerneur pour le Roy en ses pays & armée de Prouence, & petit fils du Roy Charles IX. de glorieuse memoire, Prince qui ne carresse pas moins les sçauans que les guerriers. Ce qu'il fait à l'exemple de ce grand & liberal Monarque son ayeul, & des Rois & des Princes de la Royale Maison de Valois & d'Angoulesme ses ancestres : feu Monseigneur Antoine de Bourbon Comte de Moret fils naturel du Roy Henry le Grand d'immortelle memoire : le feu Prince Christofle, second fils d'Antoine Roy de Portugal : M^r le Prince de Guemené de la tres - illustre Maison de Rohan : & M^r le Duc de Luynes : feu Monseigneur Iean de S. Bonnet Seigneur de Toiras Mareschal de France : M^r le Marquis de Rouillac de l'illustre Maison de Got Ambassadeur extraordinaire pour le Roy en Portugal : Mr Héry de Beringhen Cheualier Seigneur d'Armainuilliers & de Grez, Conseiller du Roy en ses

Conseils, & son premier Escuyer:
Dõ Vasco Louis de Gamma Côte
de la Vidiguera Grand Admiral
des Indes Orientales & Ambas-
sadeur extraordinaire de Iean
IV. Roy de Portugal & des Al-
garbes, auprés de nostre Roy
Tres-Chrestien Louys XIV. Sei-
gneur doüé d'vne grande affe-
ction pour l'estude & les sçauans,
& le petit fils du grand Vasco de
Gamma premier Conquerãt des
Indes Orientales, dont il a esté
Admiral & le second Viceroy :
Mr Leon Bouthilier Comte de
Chauigny & Ministre d'Estat:
Mr le Cheualier d'Igby Seigneur
Anglois, connu par toute l'Eu-
rope par ses excellentes qualitez:
& plusieurs autres Milords &
Seigneurs de ce Royaume là :

M^r le Marquis d'Eſtampes Va-
lençay Cheualier, Conſeiller du
Roy en ſes Conſeils, cy-deuant
Ambaſſadeur pour ſa Maieſté
prés de Meſſieurs des Eſtats des
Prouinces Vnies, frere de feu
M^r le Cardinal de Valençay, & de
Monſeigneur l'Archeueſque de
Reims: feu Mr Charles de Laubeſpine Seigneur de Verderonne
& de Stors auſſi Cheualier & Cõſeiller du Roy en ſes Conſeils &
Garde des Seaux de ſon Alteſſe
Royale, & M^r ſon frere Claude
de Laubeſpine Baron de Norat,
Seigneur qui n'eſt pas moins
chery des Muſes, que vaillant
dans le champ de Mars, qui a en
toutes occaſions fait voir l'affection qu'il luy portoit: Mr Bal-
thaſar Gobelin Cõſeiller du Roy

en ſes Conſeils, cy-deuant Preſident en ſa Chambre des Comptes : Mr Michel Larcher. Seigneur de la Fortelle, Conſeiller
du Roy en ſes Conſeils, & Preſident en ſa Chambre des Comptes : Meſſieurs Gilbert Gaumin,
Lhuillier Seigneur d'Orgeual ,
Iean Pierre de Montchal, Henry
Louis Habert Seigneur de Mót-
mor & de la Broſſe, Conſeillers
du Roy & Maiſtres des Re-
queſtes ordinaires de ſon Hoſtel ;
il a dedié à Mr de Montmor ſes
liures de l'Harmonie en Latin :
feu Mr Iean Iaques Barrillon Seigneur de Chaſtillon ſur Marne,
Conſeiller du Roy en ſa Cour de
Parlement, & Preſident en ſes
Enqueſtes, auquel il a dedié les
Phenomenes Balliſtiques, où il

explique les iets des boulets : Mʳ Iaques Augufte de Thou Baron de Melay, Confeiller en la Cour de Parlement, & auffi Prefident en la premiere Chambre des Enqueftes : Mʳ Hierôme Bignon Confeiller d'Eftat & Aduocat general en la Cour de Parlemét : Meffieurs Lefné, du Bouchet Seigneur de Bournonuille, & Vaideau Seigneur de Gramon Confeillers en la mefme Cour : feu Mʳ de Brouffel auffi Confeiller du Roy en fa Cour de Parlement & Commiffaire aux Requeftes du Palais : feu Mʳ André le Feure fieur d'Amboile, Confeiller du Roy en fa Cour de Parlement, & Commiffaire des Requeftes du Palais , fils aifné de Mʳ d'Ormeffon Côfeiller du Roy

en ſes Conſeils : Mr Marcel Seigneur de Bouqueual, Conſeiller
du Roy en ſon Grand Conſeil,
auquel il a dedié *ſes Phenomenes
Mechaniques:* Monſieur Bruſlard
Seigneur de ſaint Martin cy-deuant Conſeiller au grand Conſeil : Mr de Carcaui, Lyonnois,
cy-deuant Conſeiller du Roy en
ſa Cour de Parlement de Toloſe,
& au grand Conſeil : Mr de Fer-
n at Conſeiller au Parlement de
Toloſe : M[r] d'Eſpagnet Conſeiller en celuy de Bordeaux : M[r] le
Baron de Rians de la Maiſon de
Fabry en Prouence , Conſeiller
du Roy en ſa Cour de Parlement
d'Aix, & feu M[r] ſon pere Pala-
medes de Fabry Seigneur de Va-
lauez, digne frere de feu M[r] de
Peireſc, duquel i'ay parlé cy-de-

uant: M' François Lhuillier Confeiller du Roy en celuy de Toul :
M' Nicolas Rigaud auffi Confeiller au mefme Parlement (dont le
nom eft celebre par la parfaite
connoiffance qu'il a des fciéces &
de la lágue Grecque, & pour nous
auoir donné les Oeuures du fça-
uant Tertullien, & d'autres bons
Liures) qui l'a obligé, luy pre-
ftant plufieurs manufcrits de la
Bibliotheque du Roy, quand il
eftoit Garde de cette Royale Li-
brairie : cóme ont fait auffi Meffieurs du Puy, ces deux illuftres
freres, le Confeiller d'Eftat & le
Prieur de faint Sauueur, (dont les
noms feront immortels & des lu-
mieres dans tous les fiecles;) ayát
en toutes occafions fait paroiftre
l'affection qu'ils luy portoient :

Mr Halé cy-deuant Conſeiller du Roy & Doyen des Maiſtres de ſa Chambre des Comptes, auquel il a dedié *ſes Remarques ſur les Problemes de George de Veni-ze*, & pluſieurs autres liures: feu Mr Bigot ſieur de Gaſtines, cy-deuāt auſſi Maiſtre des Comptes: feu M^r le Baron d'Arſy auquel il a dedié l'vn de ſes liures: M^r le Cheualier de Mõtmaigny: Mr de Beruille, de la Pommeraye: Meſſieurs Querin le Vignõ, René Moreau, Charles [a] Guillemeau, Iaques Cornuti, & Pierre Merſenne Docteurs en Medecine de la Faculté de Paris, dont [b] trois ſont celebres par leurs écrits.

Meſſieurs de la Broſſe, de la Chambre, Sauot, Tournere & du Clos Docteurs de celle de

[a] Monſieur Guillemeau Medecin ordinaire du Roy.

[b] Meſſieurs Moreau, Guillemeau & Cornuti.

Montpellier: le feu fieur Tournere Medecin de feuë Madame
la Ducheffe d'Orleans de Char-
tres & de Montpenfier, & de
Madame la Ducheffe de Guyfe
& de Ioyeufe, & le fieur de la
Chambre Medecin de Monfeigneur le Chancelier, qui a laiffé
dãs fes beaux Ouurages des mar-
ques de fa doctrine & de fon elo-
quence: feu Mr Sauot Medecin
de feu Mr le Prefident Icannin.

Ces excellens Mathematiciés Mr
de Pagan: Mr Bourdin Seigneur
de Villaines : Mr Claude Mydorge Treforier general de France à
Amiens:Mr Claude Hardy Confeiller du Roy au Chaftelet de
Paris: Mr G. Perf. de Roberual
Profeffeur Royal aux Mathematiques au College de Maiftre

Geruais , & en la chaire de Ramus au College Royal de France , auquel en mourant il donna
la charge de faire imprimer *ses
Traitez* de la *Dioptrique* & de la
Catoptrique , pour mettre aprés
les liures de *l'Optique* du feu Pere
Iean François Niceron:Monsieur
le Tenneur cy-deuant Conseiller
en la Cour des Aydes de Guyen-
ne : Mr Iean Baptiste Morin Docteur en Medecine & Professeur
du Roy aux Mathematiques :
Mr Teuenot nommé Resident
pour le Roy à Gennes : Messieurs
Paschal le pere & le fils , le pere
qui a esté cy-deuant President en
la Cour des Aydes d'Auuergne :
Mr de Beaune sieur de Gouliou
cy-deuant Conseiller au Presi-
dial de Blois : feu Mr Boulenger
Le-

Lecteur du Roy aux Mathematiques, & Precepteur de feu Monseigneur Louis de Bourbon Comte de Soissons Prince du Sang & Pair de France : feu Mr Sanclarus aussi Professeur du Roy aux Mathematiques :*Monsieur Picques le pere Secretaire du Roy, & Mr Picques le fils Aduocat en la Cour de Parlement : feu Mr Beaugran Secretaire du Roy : feu Mr Donaut, tous deux excellens Mathematiciens : Mr Gaigneres Secretaire de feu Monseigneur le Duc de Bellegarde : Mr de Mets Commissaire des guerres : Mr Antoine le Comte Conseiller du Roy, Secretaire & Controlleur general de l'ordinaire des guerres : Mr Clercelier : feu Mr Paul Yuon

*Feu Monsieur Cotel Conseiller du Roy en la Cour des Aydes, & Mr Tassin Secretaire de M^r le Premier.

F

fieur de la Leu : feu Mr Iean Tile-
man Stella natif de Sighen au
Comté de Heffe en Alemagne,
Profeffeur du Roy aux Mathematiques : Mr Defargues qui a
particulierement employé fes
foins à foulager les trauaux des
artifans par la fubtilité de fes in-
uentions, comme de la coupe
des pierres & autres : Mr Girard
Gouuerneur de feu Môfeigneur
François de Valois Comte d'A-
laiz : feu Mr Gilles Magne Gouuerneur de feu Monfeigneur
Eleonor d'Orleans Duc de Fron-
fac : Mr de Lozieres, de Nemours,
Gouuerneur de Meffieurs de
Gondrin & de Montefpan : M^r I.
Mittanour Aftronome de Monfeigneur Armand de Bourbon
Prince de Côty & Prince du Sâg.

Ces illuſtres Eſcriuains de la
Philoſophie, de l'Hiſtoire, de la
Muſique, & de la Poëſie, ſçauoir
Mr René des Cartes Gentilhomme François, fils & frere de Conſeillers au Parlement de Bretagne, qui demeure depuis quelque temps en Hollande pour
philoſopher plus aiſément, eſtãt
deſgagé des grãdes compagnies :
Mr Picot qui a traduit en François les *Principes de la Philoſophie*
du ſieur des Cartes : Mr Marandé
Greffier de la Cour des Aydes,
aſſez connu par les liures qu'il a
mis en lumiere : feu Mr Iean
Bourdelot, qui auoit vne parfaite connoiſſance des bons liures & des langues Orientales,
& qui a donné au public les
Oeuures de Lucian, qu'il a tra-

duites de Grec en Latin : Monfieur Naudé, renommé pour fes vertus & pour só fçauoir, qui l'ont fait choifir par trois Cardinaux pour eftre le Directeur de leurs excellentes Librairies, & que l'on peut nommer fans flaterie *vne Bibliotheque viuante*, à caufe de la grande connoiffance qu'il a des fciences & des liures : Monfieur François de la Mothe le Vayer Confeiller & Hiftoriographe du Roy, cy-deuant Confeiller du Roy & Subftitut de M^r le Procureur general au Parlement de Paris : Meffieurs Sceuole & Louis de Sainte-Marthe freres iumeaux, Aduocats en Parlemét & Hiftoriographes du Roy, les deux yeux & les deux flambeaux de la Genealogie Royale : Pier-

re Sceuole , & Nicolas Charles
de Sainte-Marthe freres , enfans
de Sceuole, & les petits fils du
Grand Sceuole ou Gaucher de
Sainte-Marthe : Meſſieurs Hen-
ry , & Adrien Valois auſſi freres
& dignes Hiſtoriographes du
Roy : Mr Louis Chantereau le
Febure Conſeiller du Roy en ſes
Conſeils : Mr le Cheualier de
l'Eſcale qui a écrit pluſieurs li-
ures, entre autres la *Vie* du grand
Cardinal *Gilles Albornos* : feu Mr
Hugues Grotius Reſident pour
la Reyne de Suede prés de nos
Rois Louis XIII. & XIV. dont
le nom eſt celebre par ſes liures :
Mr Pierre d'Hozier ſieur de la
Garde Cheualier de l'Ordre du
Roy, Genealogiſte & Iuge gene-
ral des armes de France : Mõſieur

F iij

Marc de Vulson sieur de la Colombiere aussi Cheualier de saint Michel, Maistre d'Hostel ordinaire du Roy & Gentilhomme de la Maison de sa Maiesté, qui a écrit le liure de la Science Heroïque, & deux Tomes sous ce titre, Le vray Theatre d'honneur & de Cheualerie, ou le Miroir Heroïque de la Noblesse : Iaques Mauduit Garde du depost des Requestes du Palais, dont il a écrit l'Eloge dans son *Harmonie Vniuerselle*, où il remarque, que la France, dés le viuant de cet excellent Musicien, l'honora du surnom de *Pere de la Musique*, parce qu'il a comme engendré la belle Musique en ce Royaume par l'excellence de plusieurs ouurages, &

des Concerts compofez de voix,
& de toutes fortes d'inftrumens
Harmoniques ; ce qui n'auoit
point efté pratiqué auant luy, du
moins fi parfaitement : fon fils
Louis Mauduit Prieur de faint
Martin de Bretheucourt prés de
Dourdan, excellent Poëte & Mathematicien : feu Mr Boiffet Sur-
intendant de la Mufique du Roy:
Mr Pierre du Ryer Secretaire de
Monfeigneur le Duc de Vandof-
me, qui a traduit fi elegamment
& fi fidellement en noftre langue
les Hiftoires d'Herodote, la pluf-
part des Oeuures de Ciceron, les
deux Tomes de *l'Hiftoire de la
guerre de Flandre* du R. P. Fa-
mian Strada, Romain, de la
Compagnie de IESVS, & qui a
donné au public plufieurs belles
F iiij

Tragedies : Meſſieurs Frenicle
celebres par leurs poëſies & la
connoiſſance qu'ils ont des Mathematiques: Meſſieurs Guillaume Colletet le pere, & François
Colletet le fils , qui ſont auſſi aſſez connus par leurs Poëſies &
par les liures qu'ils ont donné au
public : M.ʳ Iean Iules Ceſar de
Villeneufue , Gentilhomme qui
n'eſt pas moins chery des Muſes
que vaillant dans le champ de
Mars : feu M.ʳ André Iumeau
Prieur de ſainte Croix & Precepteur de Monſeigneur Henry
de Bourbon Eueſque de Mets &
Marquis de Verneüil : M.ʳ le Mai-
re excellent Muſicien & Mathematicien: M.ʳ Petit, Intendant des
Fortifications , dont i'ay deſia
parlé dans la page 39. de cet Elo-

ge : feu M* Guillaume Paffart
excellent Geometre : M* René
Trouillard auec lequel il a fait
quantité d'experiences : M* Gabriel Michel fieur de la Roche-
Maillet, Angeuin, Aduocat en la
Cour de Parlement:M* François
de Colombelle fieur de Beruille,
& Cheualier de l'Ordre du Roy:
M* Elie Deodati Aduocat en la
Cour de Parlement : feu M* Poiffon fieur de la Bodiniere Poëte
Latin & François, fils de Pierre Poiffon fieur de la Bodiniere
Côfeiller au fiege Prefidial d'An-
gers , qui a écrit l'Harmonie
Chronologique des Hiftoires de
la quatriéme Monarchie felon
l'ordre des années , enfemble
l'Eftat de l'Eglife.

Aprés fa mort l'on a trouué

dans fa cellule plufieurs lettres
qui luy ont efté écrites par M^r le
Cardinal François Barberin, ne-
ueu du Pape Vrbain VIII. par
Mr Louis de Valois Comte d'A-
lais, Gouuerneur pour le Roy
en fes païs & armée de Prouence,
& petit fils du Roy Charles IX.
par Iean Baptifte Baliani Gentilhomme Gennois, de Gennes; par
M^r des Noyers Secretaire de
Louife-Marie de Mantouë Rey-
ne de Pologne & de Suede, de
Varfauie; par le R. P. Valerien
Magni docte Capucin Milanez,
auffi de Varfauie : par Mr Cha-
nut Confeiller du Roy en fes
Confeils, Prefident des Trefo-
riers generaux de France en Auuergne, & Refident pour le Roy
à Stolcholm prés de Chriftine

Reyne de Suede, de Gothie & de
Wandalie : par Mr Conſtantin
Huyggens Secretaire de M^r le
Prince d'Orange, de la Haye, &
autres lieux de Hollande : par
feu Mr Iean Charles Comte de
Conopaskij, Abbé de Tinez, de
Vachory en Pologne : par Iean
Heuelius Eſcheuin, de la ville
& Republique de Danzick au
meſme Royaume : par Laurens
Eichſtadius Medecin, de la meſme ville de Danzick : par Ioh.
Mochingerus, de la meſme ville:
par Mr Denys de Saluaing Seigneur de Boiſſieu , Conſeiller
d'Eſtat & Premier Preſident de
la Chambre des Comptes de
Daufiné, de Grenoble: par Meſſieurs de Ponnat & de Coſte Cõ-
ſeillers en la Cour de Parlement

de Daufiné , de Grenoble : par
Mr Iaques de Valois, Efcoffois,
Treforier general de France en
Daufiné , grand Aftronome, de
Grenoble : par le Seigneur Iean-
Baptifte Doni Gentilhomme
Florentin, de Florence : par le
Seigneur Torricelli, Profeffeur
du Grand Duc en Mathemati-
que, & difciple de Galileo Gali-
lei, de la mefme ville : par Mr
le Cheualier d'Igbi Refident
prés du Pape pour Henriette
Marie de France Reyne de la
Grand'Bretagne : par Mr le Che-
ualier Caffian du Puy, vulgaire-
ment le Cau del Pozzo : par le
Seigneur Angelo Ricci : par
Mr Luc Holftenius vulgairemét
Holftein natif de Hambourg
en Alemagne, Chanoine de faint

Pierre : par le P. Athanafe Ker-
ker auffi Aleman , de la Compagnie de IESVS de Rome : par feu
Mr Aubert le Mire natif de Bruf-
felle , Doyen de Noftre - Dame
d'Anuers , & Maiftre de la Cha-
pelle de feuë l'Infante Ifabelle-
Claire-Eugenie, d'Anuers: Monfieur Milon Aduocat en la Cour
de Parlement, de diuerfes villes
de ce Royaume : par Mr l'Abbé
de Monflaines: par Mr Stanihurft
Docteur en Theologie, Hiber-
nois : par Mr Titeloufe, excellent
Muficien, de Roüen : par le Pere
Theophile Reynault , Iefuite,
d'Auignon & de Rome : par le
Pere Claude Richard Iefuite , de
Madrid : par Meffieurs Defchãps
& Brun, de Bergerac : par le P.
Vatier, Iefuite, de la Flefche: par

Mr de Vienne Abbé de S. Martin
à Neuers : par Mr de Meru, & par
le P. Iean François Recteur du
College des Peres Iesuites de Neuers, de la mesme ville : par Monsieur Fermat Conseiller en la
Cour de Parlement de Tolose, de
la mesme ville : par Mr d'Espa-
gnet Conseiller en la Cour de
Parlemét de Bordeaux, de la méme ville; par Mr du Verdus, & par
Mr Trichet, aussi de Bordeaux :
par Mr le Tenneur, de Tours &
d'autres villes de ce Royaume :
par Nicolas Cabeus Ferrarois de
la Compagnie de IESVS, de
Rome : par le P. Cauallieri, de
Bologne : par le P. Honorat Fa-
bri Iesuite, de Lyon : par Mr de
Neuré, d'Aix & de Lyon : par
Mrs de Colóbi, & Borrilli, d'Aix :

par Mr Claude Saumaiſe, de di-
uerſes villes de Hollande : par
Mr René des Cartes , du meſme
païs : par Mr de Schooten, par I.
Golius & par le ſieur Sorbere, de
Leiden : par Mr Langrenius, de
Bruſſelle : par Sixtin Amama de
Franiker l'an 1627. par Gilbert
Voetius, d'Vtrecht : par Ch. Ra-
uius Profeſſeur en la langue He-
braique en la meſme ville : par
Iean-Albert Bannius , excellent
Muſicien , de Harlem : par André Riuet, Poiteuin, de la Haye :
par Mr du Laurens , de la meſme
ville : par Iſaac Beertman, Mathematicien , d'Amſtredam : par
Chriſtofle Sturanus, de Bremen :
par Alexandre Morus , de Geneue : par Iean Buxtorfe, de Baſle :
par Dantius, par Seldenus, par

Theodore Haat, de Londres: par
Thomas Hobb Anglois, Gou-
uerneur de M^r le Prince de Galles: par le Cheualier Candysh:
par Henry Reuery : par Cha-
uenius Danois , & par d'autres
estrangers.

Parmy ces lettres on en a aussi
trouué quelques-vnes des Religieux de nostre Ordre, illustres
par leurs écrits, comme de la
Prouince de Prouence, des R R.
Peres Iean François , Estienne
Octoul, & André Real, de Marseille , d'Aix & d'Auignon; de
celle de Tolose ou d'Aquitaine,
des R R. Peres I. la Combe, Pierre d'Aguts, de Tolose, & Iaques
Bremant de Carcassonne: de celle de France du feu R. P. Robert
Regnault, qui auoit esté Conseiller

ler du Roy en ſa Cour des Aydes
à Paris auant que d'entrer en
l'Ordre des Minimes, dans lequel l'on peut l'appeller le Fon-
dateur de la belle Bibliotheque
de ce Conuent de la Place Royale, de Conſtantinople & dú Caire, & d'autres villes du Leuant :
De la Prouince de Lyon le R. P.
Gabriel Thibaut, de Chaumont
en Auuergne : du R. P. Bannier,
de Clermont : du R. P. Iean du
Rel ou du Relle, de Moulins &
de Lyon : mais particulierement
de Rome du R. Pere Emanuel
Maignan Toloſain, Lecteur en
Theologie au Conuent de la
Treſſainte Trinité du Mont
Pincio ou des Minimes François
à Rome, qui a mis en lumiere
cette année 1648. vn liure excel-

G

Perspectiua Horaria, siue de Horographia Gnomonica, tum Theoretica, tum Practica libri quatuor.

lent *des horloges & des quadrans solaires :* du feu P. Iean François Niceron, & du R. P. François de la Nouë Collegue François des Reuerendissimes Peres Laurens de Spezzane, & Thomas Munoz & de Spinossa Generaux de nostre Ordre, qui a écrit en Latin *la Chronique generale de la mesme Compagnie,* dans laquelle parlant des Escriuains de l'Ordre, il fait l'eloge du R. P. Marin Mersenne, en ces termes, *Celebris Theologus, Philosophus & Mathematicus ac verè* πολύγεαφος, celebre Theologien, Philosophe & Mathematicien. Enfin l'on peut dire veritablement de luy qu'il n'y a rien dont il n'ait écrit auec toute sorte de lumiere & de connoissance. Pour moy

ie ne puis luy donner d'autre
eloge que celuy que le Cardinal
Annalifte le Grand Baronio, le
Cefar des Efcriuains de ce fiecle,
donnoit à feu Mr Nicolas le Feure Precepteur du feu Roy Louis
XIII. & de feu Monfeigneur le
Prince, *Qu'on n'a iamais veu vne
doctrine qui fuft plus haute & qui
fuft plus humble :* Car il feroit dif-
ficile d'exprimer l'affection &
l'ardeur auec laquelle il fe portoit à tout ce qui regarde gene-
ralement l'auancemét des fciences, foit de luy mefme, ainfi qu'on
peut voir par les liures qu'il a fait
imprimer, qui contiennent vne
fi grande varieté de matieres
qu'on auroit de la peine de croi-
re qu'il euft pû s'inftruire en vne
partie feulement, fi fes ouurages

mefme n'en donnoient des té-
moignages qu'on ne fçauroit
contredire; foit auffi par l'hon-
nefte emulation qu'il excitoit
parmy les fçauans, pour les obli-
ger à donner au public les veritez qu'ils auoient defcouuertes,
ou à s'appliquer ferieufement à
la recherche de celles qui font
les plus cachées, dont il y en a
beaucoup qui ont efté heureu-
fement defcouuertes en ce fiecle, & peut-eftre dauantage
qu'on n'en découurira en aucun
autre : Iufques là mefme que
ne pouuant perfuader ces grands
Genies à mettre au iour leurs
compofitions, il effayoit de les
y forcer, inferant dans fes liures
ce qu'il apprenoit par leur com-
munication, leur faifant voir

par ce moyen qu'ils pouuoient
aiſément entreprendre ce qui
eſtoit à moitié fait, ou du moins
empeſchant par ce vertueux ar-
tifice que la poſterité ne fuſt pri-
uée d'vne partie de ce qui ſeroit
mort auec eux. Il en a vſé de la
ſorte en pluſieurs endroits de ſes
liures, & a touſiours rendu aux
Autheurs auec beaucoup de
franchiſe & de ſincerité, ce qu'il
ne faiſoit imprimer que pour
leur auãtage & pour leur gloire.

Il auoit vne extreme auerſion
de l'oiſiueté, & n'auoit pas ſi toſt
quitté la compagnie des honne-
ſtes gens (qui luy faiſoient la faueur de le viſiter) ou la lectu-
re des liures ſacrez & profanes,
ou la pſalmodie à l'Office diuin,
qu'eſtant aux recreations il ſe

rauiſſoit & nous rauiſſoit nous meſmes, quand nous allions nous promener auec luy, par les meditations & les diſcours qu'il faiſoit ſur les fleurs, ſur les fruits, ſur les plantes, ſur les moindres animaux, & enfin ſur tous les obiets des merueilles de Dieu, qui ſe preſentoiét dans les iardins ou en noſtre chemin. Il chantoit ſouuent les premiers verſets du Pſeaume 22. *Dominus regit me*, &c. ou quelque Paraphraſe en vers Latins & Frãçois ſur ce mémePſeaume, ou il chãtoit ce dernier verſet du dernier des Pſeaumes, *Omnis ſpiritus laudet Dominum*, ou ce Pſeaume tout entier, qui contient vne exhortation à loüer la ſainteté de Dieu dans ſes Saints, & ſa puiſſance

Dans le iardin de Meſſieurs les Morins ſes amis.

dans ſes ouurages viſibles ſur
toutes ſortes d'inſtrumens Harmoniques.

Les ames de tels perſonnages
ſont de la qualité de cette fon-
taine que le grand Alexandre
admira en Babylone , laquelle
iettoit vne eau qui s'allumoit in-
continent aux rayons du Soleil,
ou auſſi toſt qu'on luy monſtroit
le feu : car ces bons eſprits ſont ſi
épurez & ſi démeſlez de la terre,
& ont les yeux ſi nets & ſi bril-
lans, qu'ils s'enflamment par la
moindre amorce à la meditation
des choſes du Ciel , & à l'amour
de Dieu.

F I N.

www.ingramcontent.com/pod-product-compliance
Ingram Content Group UK Ltd.
Pitfield, Milton Keynes, MK11 3LW, UK
UKHW031843170726
13836UKWH00004B/1855